ANALIZA KSIĄŻKI

AF137379

Stary człowiek i morze

• • • • • • • • • • • • • •

ERNEST HEMINGWAY

ANALIZA KSIĄŻKI

Napisany przez Elodie Thiébaut
Przetłumaczony przez Kâmil Kowalski

Stary człowiek i morze

ERNEST HEMINGWAY

ERNEST HEMINGWAY

AMERYKAŃSKI PISARZ I DZIENNIKARZ

- **Urodził się w Oak Park (Illinois) w 1899 roku.**

- **Zmarł w Ketchum (Idaho) w 1961 roku.**

- **Godne uwagi prace:**

  - *Słońce też wschodzi* (1926), powieść

  - *Pożegnanie z bronią* (1929), powieść

  - *For Whom the Bell Tolls* (1940), powieść

Ernest Miller Hemingway był amerykańskim pisarzem pochodzącym z zamożnej rodziny z Oak Park w stanie Illinois. Początkowo pracował jako dziennikarz, po czym został zachęcony przez przyjaciół do poświęcenia się literaturze. W 1926 roku opublikował swoją pierwszą powieść *Słońce też wschodzi,* która spotkała się z uznaniem krytyków. Później działał jako korespondent wojenny podczas hiszpańskiej wojny domowej (1936-1939) i lądowania w Normandii (1944). Dwa lata po opublikowaniu powieści *Across the River and into the Trees* (1950), która spotkała się z ogólnie negatywnymi recenzjami, wydał *The Old Man and the Sea* (1952), która została znacznie lepiej przyjęta. Wiele z jego utworów doczekało się adaptacji kinowych i telewizyjnych.

STARY CZŁOWIEK I MORZE

EPICKA BITWA POMIĘDZY STARUSZKIEM A RYBĄ

- **Gatunek:** powieść

- **Wydanie referencyjne:** Hemingway, E. (1994) *The Old Man and the Sea*. London: Vintage.

- Pierwsze **wydanie:** 1952

- **Tematyka:** samotność, przyjaźń, natura, walka, odwaga, śmierć

Stary człowiek i morze, ostatnia powieść opublikowana za życia Hemingwaya, otrzymała Nagrodę Pulitzera za literaturę piękną i w znacznym stopniu przyczyniła się do decyzji o przyznaniu mu Literackiej Nagrody Nobla w 1954 roku.

Historia rozgrywa się na Kubie i śledzi starszego rybaka o imieniu Santiago, który nie złapał ani jednej dużej ryby w ciągu 84 dni. Łowił ryby w Prądzie Zatokowym z młodym chłopcem o imieniu Manolin, którego nauczył swoich technik, ale rodzice chłopca zmusili go do wypłynięcia na większą łódź, aby mógł złowić więcej ryb. O świcie 85 dnia Santiago wyrusza sam i wypływa daleko w morze w nadziei na duży połów. W południe łapie ogromnego włócznika i walczy z nim przez trzy dni. Po pokonaniu miecznika, zostaje on pożarty przez rekiny, więc kiedy wyczerpany Santiago wraca na brzeg, pozostaje po nim tylko szkielet.

STRESZCZENIE

PECHOWY RYBAK

Historia rozgrywa się w kubańskiej wiosce rybackiej, gdzie życie jest trudne, ale wśród rybaków panuje poczucie solidarności. W wiosce mieszka Santiago, biedny, starszy rybak, który od 84 dni nie złowił żadnej dużej ryby, oraz Manolin, młody chłopak, którego nauczył łowić i który jest do niego bardzo przywiązany. Wszyscy uważają, że Santiago ma pecha, a Manolin jest jedyną osobą, która wciąż w niego wierzy. Chłopiec towarzyszył mu w wyprawach na ryby, ale jego rodzice byli przekonani, że starzec jest "*salao, co jest najgorszą formą pecha*" (s. 3) i kazali synowi dołączyć do "innej łodzi, która w pierwszym tygodniu złowiła trzy dobre ryby" (*tamże*).

Po powrocie na brzeg Manolin próbuje pocieszyć i zaopiekować się Santiago, przynosząc mu przynętę i jedzenie.

SANTIAGO WYPŁYWA W MORZE

Pewnego dnia staruszek wyrusza samotnie na otwarte morze, zdecydowany zakończyć swoją pechową passę. Przepływa obok portu i wypływa dalej niż inni rybacy, którzy trzymają się blisko brzegu. Planuje "sprawdzić, gdzie są ławice bonito i albacore" (s. 20), bo uważa, że tam będzie mógł złowić dużą rybę. Przed wschodem słońca rozstawia przynętę, a następnie obserwuje położenie swoich linek.

Dalej wiosłuje w kierunku terenów łowieckich jastrzębia morskiego, gdzie widzi "czerwony przesiew planktonu" (s. 24), znak, że w okolicy jest dużo ryb. Wkrótce zostaje otoczony przez wyskakujące z wody tuńczyki. Łapie jednego i postanawia zatrzymać go na przynętę, ale jest zmuszony zjeść go następnego dnia, aby zachować siły. Obserwując swoje liny, widzi, jak jeden ze spławików zanurza się pod powierzchnię wody i zręcznie manewruje tak, by ryba, która żywi się sardynkami, złapała się na haczyk. W południe udaje mu się wreszcie zahaczyć ogromną rybę.

STRASZNA WALKA

Między rybą a starcem wywiązuje się ostra walka, ponieważ ryba ciągnie za linkę, a Santiago jest zmuszony pozwolić swojej łodzi odpłynąć w kierunku otwartego morza i porzucić inne linki, które go powstrzymują. W trakcie walki zostaje zraniony w policzek i rozcina sobie prawą rękę, lewa ręka staje się tak napięta, że musi przestać jej używać, a linka rybacka rozcina mu plecy. Łowi mniejszą rybę, którą zmusza się do zjedzenia, aby zachować siły, a następnie, zachowując wszelkie środki ostrożności, aby utrzymać kontrolę nad liną, pozwala sobie na odpoczynek, aby przywrócić energię. Zasypia na krótko, ale budzi go ostry ból w prawej ręce. Miecznik wciąż wyskakuje z wody, a wstrząsy łodzi przewracają mężczyznę na brzuch. Staruszek w końcu dostrzega swojego przeciwnika i widzi, jak jest ogromny. Walka trwa dalej.

O wschodzie słońca trzeciego dnia, włócznik zaczyna okrążać łódź i płynie w górę ku powierzchni. Stary człowiek jest już wyczerpany i ma zawroty głowy, ale zmusza się do dalszego działania. Próbuje zwinąć włócznika, aby zbliżyć go jak najbardziej do łodzi. W ostatnim wysiłku, aby pokonać rybę, harpun go dwa razy i zabija go.

SŁODKO-GORZKIE ZWYCIĘSTWO

Ryba jest tak duża, że z trudem udaje się ją wciągnąć do łodzi. Santiago musi najpierw podprowadzić łódź blisko miecznika, aby związać jego głowę i ogon liną harpuna. Następnie przywiązuje go do burty łodzi, podnosi maszt i rozwija żagiel, przygotowując się do żeglugi powrotnej. Łódź płynie szybko, a Santiago łapie i zjada kilka krewetek oraz wypija resztę wody, aby zachować siły. Starzec nie może oderwać wzroku od ryby i czuje, że może śni.

Nagle staje się świadomy rekina, który podąża w ślad za łodzią, i zdaje sobie sprawę, że jest w niebezpieczeństwie. Kiedy rekin atakuje włócznika, Santiago rzuca harpun na jego głowę, ale rekin walczy i przegryza linę, po czym tonie pod falami i zabiera harpun ze sobą. Dwie godziny później, Santiago widzi dwa kolejne rekiny zbliżające się do łodzi i udaje mu się je zabić przywiązując nóż do końca wiosła. Czwarty rekin wgryza się w miecznika, i chociaż staruszkowi udaje się go zabić, ostrze jego noża łamie się w tym procesie. Dwa kolejne rekiny przybywają, a przed długi czas jest wiele rekinów roi się wokół łodzi. Stary człowiek walczy dzielnie, ale nie może powstrzymać rekinów od zjedzenia miecznika i wkrótce wszystko, co z niego zostało, to szkielet. Santiago dociera do portu w nocy i choć udaje mu się opuścić maszt i żagle, jest tak wyczerpany, że nie może nawet utrzymać się na nogach w drodze do domu. Kiedy wraca do swojej chaty, kładzie się na łóżku i zasypia.

Po wyprawie Manolin, jak co dzień, przychodzi do domu Santiago. Widzi, że staruszek oddycha i idzie po kawę. Wydarzenia ostatnich trzech dni inspirują Manolina do ponownego wyprawy na ryby z Santiago, a obaj planują, jak będą współpracować w kolejnych dniach. Kiedy staruszek w końcu zasypia, Manolin zostaje u jego boku.

STUDIUM POSTACI

SANTIAGO

Santiago jest starszym, samotnym, niezwykle biednym ryba-kiem. Ma potężne ramiona i mocny kark, ale jest bardzo chudy, ma pomarszczoną twarz i spracowane dłonie. Jego oczy są "tego samego koloru co morze i […] pogodne i niepo-korne" (s. 4). Nosi poszarpaną koszulę i zawsze chodzi boso. Mieszka w szałasie zbudowanym z palm, w którym nie ma bieżącej wody ani odpowiedniej podłogi, a jedynie najbar-dziej podstawowe wyposażenie.

Santiago pozostaje pokorny wobec przeciwności losu i nie czuje wstydu. Jest pewny swoich umiejętności jako rybak, ale wie, że jest bezsilny wobec pecha i utraty sił fizycznych oraz osłabienia lewej ręki, które pojawiają się wraz z wie-kiem. Jest jednak zdeterminowany, wytrwały i odważny. Jest człowiekiem o nieposzlakowanej opinii i poczuciu honoru, który nie pozwala, by zła passa go zniechęciła.

Kocha morze, które dobrze zna, i szanuje wszystkie formy życia. Podziwia siłę ryby i ma wrażenie, że w trakcie ich zma-gań nawiązuje z nią swoistą więź.

Santiago rozmawia sam ze sobą, gdy jest na morzu, aby czuć się mniej samotnym. Starzec często śni o swoich przygodach z przeszłości, lubi rozmawiać o Afryce, jest zapalonym fanem baseballu. Zastanawia się nad dobrem i złem, życiem i śmiercią oraz kondycją człowieka. Próbuje dowiedzieć się, co nadaje sens jego życiu, i nie wzdraga się przed badaniem własnych słabości. Na przykład po tym, jak rekiny atakują włócznika, przeprasza go za swoją dumę. W pewnym sensie jest to postać pełna sprzeczności: wydaje się być słaby i mieć zwykłe ludzkie wady, ale jednocześnie wydaje się posiadać niemal nadludzką siłę.

MANOLIN

Wygląd Manolina nie jest opisany. Jest młodym człowiekiem, który w wieku pięciu lat nauczył się od Santiago łowić ryby. Polubił łowienie ryb ze starcem, który powierzył mu kilka obowiązków, ale rodzice zmusili go do pracy na łodzi, która łowi duże ryby, a on jest zbyt młody, by sprzeciwić się ich woli.

Manolin podziwia jednak Santiago i uważa, że jego umiejętności jako rybaka są niezrównane. Czuje też wiele sympatii do starca, który jest dla niego kimś w rodzaju dziadka. Dba o niego i upewnia się, że ma wszystko, czego potrzebuje, czyli przynętę, ciepłą kolację wieczorem i kawę rano. Mimo młodego wieku wydaje się być dość dojrzały, jest odważny, przyziemny i łagodny wobec swojego opiekuna.

Po przygodzie Santiago na otwartym morzu, Manolin jest bardzo poruszony jego cierpieniem. To inspiruje go do tego, by wbrew woli rodziców ponownie wyruszyć z nim na ryby. Choć szczerze chce pomóc starcowi, postanawia mu towarzyszyć także dlatego, że Santiago będzie mógł mu pomóc w doskonaleniu techniki połowu i że obaj dobrze się dogadują.

INNE POSTACIE

W powieści występuje tylko dwóch głównych bohaterów. Pozostałe postaci to właściciel Tarasu, jego kelner, kilku turystów oraz trzech mężczyzn o imionach Martin, Pedrico i Rogelio. Większość bohaterów to mężczyźni, a większość z nich to rybacy. Kobiety wspominane są tylko przelotnie: Wspomniana jest żona Santiago, która jak mamy rozumieć nie żyje, mowa też o matce Manolina i turystce.

ANALIZA

GŁOS DLA SWOJEGO POKOLENIA

The Lost Generation

Stary człowiek i morze, podobnie jak reszta twórczości Hemingwaya i niektórych jego współczesnych, w tym F. Scotta Fitzgeralda (amerykański powieściopisarz, 1896-1940) i Johna Steinbecka (amerykański powieściopisarz, 1902-1968), jest naznaczona głębokim poczuciem niepokoju i niestabilności. Nie bez powodu autorzy ci należeli do tak zwanego "Straconego Pokolenia", które przyszło na świat w czasie pierwszej wojny światowej i na własnej skórze doświadczyło zniszczeń i rozpaczy spowodowanych konfliktem. Ruch literacki, który rozwinęli, obejmował całe dwudziestolecie międzywojenne: powstał po pierwszej wojnie światowej (1914-1918), która zniszczyła społeczne i moralne wartości [XIX] wieku, i trwał aż do drugiej wojny światowej (1939-1945), która stanowiła nieustanne zagrożenie.

Hemingway przypisał sobie ukucie terminu "Lost Generation" swojej koleżance po fachu, amerykańskiej pisarce Gertrudzie Stein (1874-1946), która tak go uderzyła, że użył go jako epigramatu do swojej pierwszej powieści *Słońce też wschodzi*. Odnosi się ono do rozczarowania, jakiego doświadczyli członkowie tego pokolenia w wyniku wojennych masakr, co spowodowało, że zaczęli wątpić w wartości takie jak honor, patriotyzm i chwała, które wcześniej akceptowali bez zastrzeżeń. To, co zostało "utracone", to wyznaczniki, za pomocą których ci młodzi ludzie odnajdywali swoje miejsce w świecie przed wojną.

W wielu książkach tego okresu, a zwłaszcza w twórczości Hemingwaya, pojawiają się samotni bohaterowie, dla których sukces okazuje się nieosiągalny, mimo ich niezaprzeczalnej odwagi. Tak jest w *"Starym człowieku i morzu"*: kiedy mężczyzna łowi wreszcie wymarzoną rybę, zostaje ona mu wyrwana przez rekiny. Całkowite zwycięstwo jest niemożliwe, a sukces jest zawsze równoważony przez porażkę. Zakończenie powieści nie jest jednak całkowicie pesymistyczne i jest zabarwione nadzieją, gdyż bohater odnosi fizyczne i moralne zwycięstwo nad samym sobą.

W *Starym człowieku i morzu* idee Hemingwaya dojrzały: jest mniej ponury niż jego poprzednie książki i przyjmuje bardziej stoicki punkt widzenia. Wydaje się, że Hemingway stał się spokojniejszy i mądrzejszy, nauczył się patrzeć na sprawy z odpowiedniej perspektywy: choć przedstawiona przez niego rzeczywistość jest nadal ponura, to jednak przebijają ją małe zwycięstwa. Mimo że nie ma już przedwojennych ideałów chwały, honoru i patriotyzmu, Hemingway nadal widzi piękno w życiu i udaje mu się nadać mu sens poprzez swoje pisanie. Przeszedł drogę od sceptycyzmu i rozpaczy w pierwszych powieściach do stoicyzmu i dojrzałości w *Starym człowieku i morzu*.

Behawioryzm

Hemingway był również pod wpływem behawioryzmu, gałęzi psychologii, która została opracowana w USA na początku XX wieku przez psychologa Johna Broadusa Watsona (1878-1958) i która polega na obiektywnej obserwacji ludzkiego zachowania. Jest to forma psychologii behawioralnej, a behawioryści wierzą, że najlepszym sposobem analizy stanu psychicznego jednostki nie jest badanie jej myśli i uczuć, ale raczej rozważanie jej zewnętrznych zachowań i postaw. W literaturze autorzy będący pod wpływem tego podejścia mają tendencję do opisywania działań, a nie emocji swoich bohaterów.

W *"Starym człowieku i morzu"* Hemingway obszernie opisuje działania swoich bohaterów. Na przykład prawie wszystko, co wiemy o Manolinie, pochodzi z jego działań i komentarzy, natomiast jego uczucia pozostają dla nas niezbadane. Widać to wyraźnie, gdy idzie do staruszka, który właśnie wrócił z trzydniowej wyprawy na ryby:

> *"Spał, gdy chłopiec zajrzał rano do drzwi. Wiało tak mocno, że dryfująca łódź nie chciała wypłynąć, a chłopiec spał do późna, a potem przyszedł do szałasu starca, jak przychodził każdego ranka. Chłopiec zobaczył, że staruszek oddycha, a potem zobaczył ręce staruszka i zaczął płakać. Bardzo cicho wyszedł, aby pójść przynieść kawę i przez całą drogę płakał."* (p. 95)

Chociaż nie mówi się nam, co Manolin czuł lub myślał, gdy zobaczył starca, jest to bardzo emocjonalny opis, który wyraźnie ilustruje jego głębokie uczucie do niego. Troszczy się o niego w sposób niemal matczyny, przychodząc co rano do jego chaty, by sprawdzić, czy wrócił już do domu i przynosząc mu kawę. Narrator nie mówi wprost, że Manolin jest smutny, gdy widzi obrażenia Santiago, ale opis jego łez jest o wiele bardziej wymowny niż proste stwierdzenie jego stanu emocjonalnego. Zamiast po prostu stwierdzić, co Manolin czuje, narrator opisuje fizyczną manifestację jego emocji (widzimy smutek Manolina w jego łzach, możemy też zrozumieć niemal synowską miłość między dwoma bohaterami, obserwując jego pełną poświęcenia troskę i uwagę).

Niemniej jednak Hemingway wykorzystuje również monologi wewnętrzne i mówione, aby dać nam wgląd w myśli i uczucia swojego głównego bohatera. Powieść zbudowana jest wokół wzajemnego oddziaływania obiektywnych opisów i punktu widzenia rybaka:

> Spojrzał na niebo i zobaczył białe cumulusy zbudowane jak przyjazne stosy lodów, a wysoko ponad nimi znajdowały się cienkie pióra cirrusów na tle wysokiego wrześniowego nieba. 'Lekka bryza' – powiedział., Lepsza pogoda dla mnie niż dla ciebie, rybko'" (s. 45)

Zarówno fragmenty opisowe, jak i monologi służą do opisania krajobrazu i pogody. Widzimy, że rybak oddaje się kontemplacji i lubi spoglądać w niebo, ale jego uwaga nie pozostaje tam długo: jego umysł nigdy nie jest daleko od zadania, które ma do wykonania, a jego myśli są wkrótce przyciągnięte do przewagi, jaką pogoda da mu nad rybami.

Ponieważ umysł Santiago jest zawsze skupiony na tym, co robi lub na tym, co wydarzy się w najbliższej przyszłości, czytelnik nigdy nie odkrywa, co myśli o czymś innym niż jego obecna sytuacja. Poniższy fragment jest typowy dla jego monologów wewnętrznych: "Gdy będzie już jasno, pomyślał, popracuję z powrotem do przynęty na czterdziestu sążniach i też ją odetnę, a także okiełznam zwoje rezerwowe" (s. 37). Jego monologi nigdy nie są introspektywne, nigdy nie bada własnych emocji czy uczuć. Jeśli zdarzy się, że jakaś melancholijna myśl przejdzie mu przez głowę, szybko ją odsuwa: "Może nie powinienem był być rybakiem, pomyślał. Ale przecież po to się urodziłem. Na pewno muszę pamiętać o tym, żeby zjeść tuńczyka, gdy się rozjaśni" (*tamże*). Jego refleksje, zamiast inspirować do introspekcji czy samokontroli, są zdawkowe i powierzchowne. Nawet gdy stosuje monolog wewnętrzny, Hemingway nigdy nie robi więcej niż zarysowanie powierzchni życia wewnętrznego Santiago.

Do opisu zachowań starca wykorzystywane są jednak monologi wewnętrzne i mówione, które dają czytelnikowi wskazówki dotyczące jego osobowości. Santiago jest doświadczonym, pełnym pasji i determinacji rybakiem. Wszystkie jego myśli skupiają się na działaniu, ponieważ jego życie kręci się wokół połowów. Fakt, że często mówi na głos do siebie, zwraca również uwagę na jego samotność, ponieważ w pobliżu nie ma nikogo, kto mógłby mu odpowiedzieć.

Hemingway wykorzystuje zatem monolog wewnętrzny do wzmocnienia behawiorystycznego podejścia do swojej powieści. Jego zdaniem nasze życie wewnętrzne wynika z tego, jak postrzegamy świat. Milczenia rybaka są ostatecznie o wiele bardziej wymowne niż jego rozmowy z Manolinem, które często są krótkie i banalne.

Zwycięstwo w porażce

Zwycięstwo Santiago w połowie miecznika wydaje się skończyć porażką, ponieważ ryba zostaje wkrótce pożarta przez rekiny, co oznacza, że nie ma nic do pokazania jako poparcie swoich wysiłków.i. Kiedy przynosi szkielet na brzeg, czuje się pokonany, gdyż po raz 85 wraca z pustymi rękami. Jednak na końcu powieści sytuacja ta zostaje zinterpretowana optymistycznie, gdyż Manolin podkreśla, że udało mu się pokonać rybę.

Rzeczywiście, choć nie triumfuje nad rekinami, prowadzi dzielną, trzydniową walkę o schwytanie miecznika i nie poddaje się nawet wtedy, gdy zostaje ranny. Według niego "człowiek nie jest stworzony do klęski […]. Człowiek może być zniszczony, ale nie pokonany" (s. 80). Rzeczywiście, Santiago jest w stanie zatriumfować nad rybą, ponieważ przekracza własne granice. Mimo wieku, odniesionych obrażeń, wyczerpania i samotności, którą musi znosić, udaje mu się pokonać rybę. Jego triumf nad rybą jest również zwycięstwem nad samym sobą, ponieważ dowodzi, że jego siła nie opuściła go.

Jego zwycięstwo nie jest jednak tylko fizyczne. Wykazał się odwagą i bez skrępowania przyjął swój los, a nawet zdobył się na emocjonalny hart ducha, by ze spokojem i pewnością wyobrazić sobie własną śmierć ("Rybo – powiedział cicho, na głos – zostanę z tobą aż do śmierci", s. 38) – innymi słowy, ze stoicyzmem. Przekroczył swoje psychiczne i emocjonalne ograniczenia, a przy okazji zdobył większą mądrość. Wykonał swoje zadanie z godnością i zawsze szanował przeciwnika. Podziwia odwagę i determinację włócznika i rozmawia z nim jak z człowiekiem: ""Rybo – powiedział – bardzo cię kocham i szanuję […]"" (s. 40). Bezlitosna walka dwóch wrogów tworzy między nimi bliską więź i stają się oni jednością, gdy rekiny przybywają, by pożreć ciało ryby: starzec walczy w obronie swojej ryby, która walczyła dzielnie.

Powieść przedstawia więc zwycięstwo nad losem: choć początkowo koledzy rybacy uważają go za wielkiego pechowca, Santiago ostatecznie udowadnia im, że potrafi łowić ryby, a tym samym odzyskuje szacunek wszystkich, którzy przestali w niego wierzyć. Zwycięstwo to pozwala mu również wyjść z samotności, gdyż od tej pory Manolin będzie mu towarzyszył w wyprawach na ryby. Mimo pozornej porażki, zwyciężył nad losem i samym sobą. Wychodzi z tego doświadczenia jako silniejszy, lepszy człowiek i wznosi się do rangi bohatera poematu epickiego.

SAMOTNOŚĆ

Motyw samotności zostaje wprowadzony w zdaniu otwierającym powieść "Był starcem, który łowił ryby samotnie w skiffie" (s. 3). Przyczyny samotności Santiago są wielorakie:

- on jest starym człowiekiem;

- jest wędkarzem, ale od miesięcy nie złowił żadnej dużej ryby;

- Manolin, który kiedyś mu towarzyszył, został zmuszony przez rodziców do przyłączenia się do innej łodzi.

Santiago jest społecznie odizolowany: jedyną osobą, z którą faktycznie rozmawia jest Manolin, który służy jako pośrednik we wszystkich jego interakcjach z innymi ludźmi.

Santiago akceptuje tę sytuację, ale to nie czyni jej mniej bolesną dla niego. Bardzo tęskni za żoną, a jej zdjęcie schował "pod czystą koszulą" (s. 8), by nie przypominało mu o niej tak często. Na otwartym morzu wielokrotnie opłakuje brak Manolina. Ponadto wie, że samotność go osłabia, choć stawia jej czoła z odwagą. Aby złagodzić swoją samotność, Santiago rozmawia sam ze sobą lub ze zwierzętami, takimi jak ptak, który przylatuje do jego łodzi, włócznik i rekiny.

Jego samotność zmusza go również do konfrontacji z samym sobą. Kiedy jest na morzu, Santiago jest całkowicie odizolowany i nie ma nic, co mogłoby go rozproszyć lub stanąć pomiędzy nim a jego wewnętrznym ja. Nie ma innego wyboru, jak tylko skierować swój wzrok do wewnątrz i zmierzyć się z tym, kim naprawdę jest.

NATURA

W powieści natura jest reprezentowana przez morze i życie wodne w jego obrębie, a ocean stanowi stałe tło dla działań rybaków.

Chociaż niektórzy postrzegają morze jako męskie, ponieważ reprezentuje niebezpieczeństwo, dla Santiago jest ono jak kobieta, ponieważ ma wiele do zaoferowania, ale może stać się gwałtowne, gdy wymaga tego sytuacja. Wyjaśnia, że podobnie jak kobiety, morze jest pod wpływem księżyca: "Księżyc wpływa na nią [morze] jak na kobietę" (s. 20). Dostrzega jednak, że morze ma dwie strony: jest atrakcyjne, gdy jest spokojne, ale też niebezpieczne, bo łatwo może zabić.

Santiago ceni sobie naturę i morze, które dobrze zna. Jest wrażliwy na płynące z niego zapachy, dźwięki i obrazy: w nocy widzi "fosforyzujące chwasty zatoki w wodzie" (s. 18), a jego wyćwiczone ucho słyszy "drżący dźwięk, gdy latające ryby opuszczały wodę" (s.19); w ciągu dnia docenia błękit fal i taniec opalizujących meduz. Jego więź z morzem jest dodatkowo wzmocniona przez jego izolację. Natura również komunikuje się z nim i prowadzi go; na przykład może przewidzieć pogodę, czytając niebo, prąd pozwala mu się zorientować, a w pewnych porach roku lot jastrzębia morskiego i roje ryb mogą go zaprowadzić do miejsc, w których ma większe szanse na duży połów. Siłę czerpie również z natury: zjada jaja żółwi i olej z wątroby rekinów i ryb, a do leczenia ran wykorzystuje słońce i sól z wody.

Mimo że jego zadaniem jest zabijanie zwierząt, Santiago czuje, że łączy go z nimi więź moralna i emocjonalna. On również jest żywą istotą i musi walczyć o przetrwanie. Podczas walki z wielką rybą mówi: "Chodź i zabij mnie. Nie obchodzi mnie, kto kogo zabije" (s. 71), ponieważ postrzega ich zmagania jako walkę między życiem a śmiercią dla obu uczestników. Ponadto lubi włócznika: podziwia jego siłę, opór i determinację, by się uwolnić.

Niemniej jednak akt zabicia ryby stawia Santiago przed dylematem moralnym. Czuje on potrzebę usprawiedliwienia swojego czynu, zwłaszcza, że do zabicia ryby użył swojego sprytu. Zastanawia się, czy jest to złe i pyta sam siebie: "Jeśli się go kocha, to zabicie go nie jest grzechem. A może to coś więcej?" (p. 81). Martwi się również, że mógł stracić godność rybaka, wypływając zbyt daleko i stawiając sobie zbyt wysokie cele, i uważa, że choć wykonał swoją pracę, szanował rybę i zabił ją bez nienawiści, mógł popełnić przestępstwo. W tym świetle można sugerować, że atak rekinów jest jego karą.

ŚMIERĆ

Śmierć jest głównym tematem powieści i jest omawiana wprost: żółwie morskie zabijają meduzy; leszcze zjadają latające ryby; jastrząb morski poluje na ryby do zjedzenia; Santiago zabija miecznika i rekiny. W swojej walce z miecznikiem patrzy śmierci w twarz: musi zabić lub zostać zabity. Śmierć leży tuż za życiem i nie ma przed nią ucieczki.

Jednak śmierć jest przywoływana również implicite. Santiago jest starym człowiekiem i, abstrahując od niebezpieczeństwa, jakie mu grozi, gdy walczy samotnie z wielką rybą na otwartym morzu, wie, że nie będzie żył wiecznie, a jego wiek i trudne warunki życia zbliżają go do końca. Kontrast między Manolinem, który jest młody, ma przed sobą prawie całe życie i "jeszcze [ma] wiele do nauczenia się" (s. 97), a starszym Santiago wzmacnia wrażenie, że śmierć starca się zbliża. W tym kontekście można na wiele sposobów interpretować jego sen na końcu powieści.

DALSZA REFLEKSJA

KILKA PYTAŃ DO PRZEMYŚLENIA...

* Czy uważasz tę książkę za powieść czy nowelę? Wyjaśnij swoją odpowiedź.

* Porównaj książkę z życiem jej autora. Czy są w niej fragmenty autobiograficzne? Czy to oznacza, że można ją określić jako autobiografię?

* Czy Twoim zdaniem można uznać to dzieło za narrację epicką?

* Niektóre z książek Hemingwaya przed Stary człowiek i morze również obejmowały temat rybołówstwa. Porównaj te opowiadania z tą powieścią.

* W *De Providentia* rzymski filozof Seneka (4 r. p.n.e.- 65 r. n.e.) napisał, że nie możemy kontrolować naszego losu, ale musimy go przyjąć z odwagą. Czy tę myśl można odnaleźć również w *"Starym człowieku i morzu"*? Wyjaśnij swoją odpowiedź.

* W przeciwieństwie do młodszych rybaków, Santiago porównuje morze do kobiety. Dlaczego? Poprzyj swoją odpowiedź, używając przykładów z tekstu.

* W *Pożegnaniu z bronią* Hemingway napisał: "To w porażce stajemy się chrześcijanami". Czy to spostrzeżenie można odnieść do Santiago?

* Czy potrafisz wskazać w tekście jakieś aluzje biblijne?

- Czy Twoim zdaniem Santiago można uznać za bohatera?

- Hemingway i André Malraux (francuski pisarz i polityk, 1901-1976) obaj brali udział w hiszpańskiej wojnie domowej i każdy z nich zainspirował się swoimi przeżyciami do napisania książki. Czym są te książki? Czy są między nimi jakieś podobieństwa?

DALSZE CZYTANIE

WYDANIE REFERENCYJNE

Hemingway, E. (1994) *Stary człowiek i morze*. London: Vintage.

ADAPTACJE

Stary człowiek i morze (The Old Man and the Sea). (1958) [Film]. John Sturges. Dir. USA: Leland Hayward Productions.

Stary człowiek i morze. (1990) [Film telewizyjny]. Jud Taylor. Dir. UK: Yorkshire Television.

Stary człowiek i morze. (1999) [film animowany]. Aleksandr Petrov. Dir. Rosja: Dentsu Tec.

Chcemy usłyszeć od Ciebie, co się dzieje!
Zostaw komentarz na temat swojej internetowej biblioteki
i podziel się swoimi ulubionymi książkami w mediach społecznościowych!

Master ISBN: 9782808694100
Papierowy ISBN: 9782808615501
Depozyt prawny: D/2023/12603/1830

Verhaal: © Primento

Projekt cyfrowy: Primento, cyfrowy partner wydawców.